- En cadeau -

LA VERSION AUDIO DU

COMMENT

1

Téléchargez l'app
Quelle Histoire

2

Déverrouillez
votre livre

3

Écoutez
votre histoire

Disponible sur App Store

DISPONIBLE SUR Google Play

Application compatible toutes tablettes et smartphones
à partir de iOS 8 et Android 4.4.

- Collection -
THÉMATIQUES

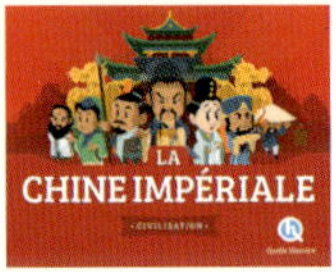

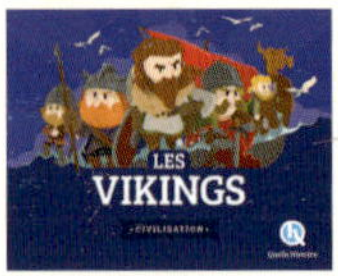

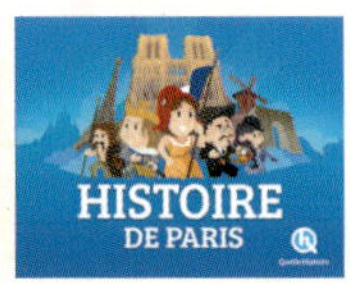

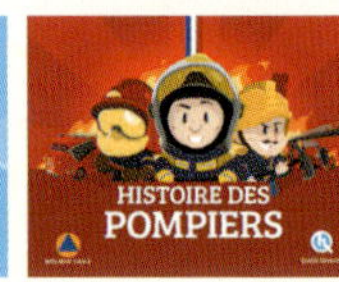

- Collection -
PERSONNAGES

Complétez votre collection sur

www.quellehistoire.com

Quelle Histoire

Édition et conception : Quelle Histoire SAS. 22, Villa de Lourcine 75014 Paris
Illustrations : Bruno Wennagel, Mathieu Ferret, Aurélie Verdon, Guillaume Biasse,
Aurélien Fernandez, Mathilde Tuffin, Nuno Alves Rodrigues
Textes : Clémentine V. Baron

Siège social : 22, Villa de Lourcine 75014 Paris

www.quellehistoire.com
contact@quellehistoire.fr

Fabriqué par Labelfab / Imprimé en France par Stin Imprimerie - Toulouse

Dépôt légal novembre 2017

Loi n°49-956 du 16 juillet 1949 sur les publications destinées à la jeunesse

PEFC 10-31-2841

FABRIQUÉ EN FRANCE

Anne Frank

Les premières années en Allemagne

Annelies Marie, que tout le monde appelle Anne, voit le jour en 1929 en Allemagne, dans la ville de Francfort-sur-le-Main. Les premières années de sa vie sont heureuses, elle grandit entourée de ses parents, Otto et Edith, et de sa sœur Margot, de trois ans son aînée. En apparence, tout oppose les deux fillettes : Margot est calme et sérieuse, tandis qu'Anne ne tient pas en place ! Cela ne les empêche pas d'avoir des amis en commun : des juifs comme elles, ainsi que des catholiques et des protestants.

Elles se fichent bien de la religion de leurs camarades !

1929 - 1933

L'arrivée d'Hitler au pouvoir

Au début des années 1930, les affaires d'Otto pâtissent de la crise économique. Comme plein d'autres, la famille Frank doit se serrer la ceinture. Dans ce contexte difficile, l'antisémitisme se développe dans toute l'Europe... On accuse les juifs de tous les maux ! En Allemagne, ces idées portées par le parti nazi d'Adolf Hitler séduisent de plus en plus de monde. En 1933, Hitler est nommé chancelier. Il ne fait plus bon vivre pour les juifs, même pour d'anciens héros de guerre décorés comme Otto ! Les Frank décident de plier bagage sans attendre.

1933

Direction Amsterdam

Quelques mois à peine après l'arrivée d'Hitler au pouvoir, les Frank déménagent à Amsterdam, aux Pays-Bas. Cette destination a été soigneusement réfléchie : d'une part, le pays est resté neutre pendant la Première Guerre mondiale, ce qui est plutôt rassurant ; d'autre part, Otto y a des contacts et la possibilité d'y fonder une entreprise qui vend de la pectine, un gélifiant utilisé dans la confection des confitures... Anne arrive à Amsterdam au début de l'année 1934, elle rejoint sa famille qui y est déjà installée. Puisqu'elle a un fort caractère, on l'inscrit dans une école Montessori où elle aura un peu plus de liberté.

1934

Le basculement

En septembre 1939, Hitler envahit la Pologne sans prévenir personne. C'est l'événement déclencheur de la Seconde Guerre mondiale. Le « Führer », ne s'arrêtant pas là, entre aux Pays-Bas l'année suivante. Surpris, le pays ne résiste pas longtemps... De nouvelles mesures antijuives sont mises en place dans la ville d'Amsterdam, désormais occupée par les Allemands. Anne et Margot doivent aller dans une école spéciale et porter une étoile jaune sur la poitrine... C'est une situation difficile, mais la vie continue pour la famille Frank, jusqu'à ce jour de 1942 où Margot reçoit une lettre : la voici « convoquée » à rejoindre un camp de travail !

1939 - 1942

La clandestinité

Anne comprend que si sa sœur part dans ce camp, elle n'en reviendra jamais. Il faut agir vite avant qu'il ne soit trop tard ! Cette lettre est le signal d'alarme qui pousse les Frank à entrer dans la clandestinité… La famille décide de se cacher dans une annexe de l'entreprise paternelle. Bientôt, quatre autres personnes les rejoignent. Une collaboratrice d'Otto, Miep Gies, et son mari Jan, leur apportent de la nourriture et des nouvelles du monde extérieur. On pense que c'est une solution provisoire, que ça ne durera que quelques mois, pourtant les Frank vont rester cachés là pendant deux ans !

1942 - 1944

Le journal d'Anne Frank

Chut ! Il faut être très discrets sous peine d'être découverts... On n'a pas le droit de parler, de courir, ni même d'aller aux toilettes pendant la journée ! Les enfants s'ennuient, mais pas Anne Frank qui passe son temps à écrire. Juste avant d'entrer dans la clandestinité, elle a reçu pour son anniversaire un cahier recouvert de toile à carreaux rouges et blancs. On peut même le fermer avec une petite boucle sur le devant. Ce journal intime devient son confident, son meilleur ami. Elle décrit la vie dans l'annexe : « Nous ne faisons pas plus de bruit que des souriceaux », raconte-t-elle avant d'ajouter : « J'ai très peur qu'on nous découvre ! »

1942 - 1944

« L’Annexe »

Dès 1943, les soldats alliés survolent les Pays-Bas pour bombarder l’Allemagne. Anne est terrifiée : « J’ai toujours aussi peur des coups de feu et des avions, et je vais retrouver Papa dans son lit presque toutes les nuits », avoue-t-elle. Les mois passent et tous attendent la libération avec impatience. Un jour de mars 1944, Anne entend à la radio qu’il faut conserver les récits et témoignages de la guerre, elle prend alors conscience de l’importance de son petit journal intime. À bientôt 15 ans, elle se lance dans une deuxième version, plus élaborée. Elle souhaite en faire un roman qui s’intitulera « l’Annexe ».

1944

Découverts !

Que s'est-il passé ? Quelqu'un a-t-il vendu la mèche ? On ne le saura jamais... Un jour la police débarque et arrête les habitants de l'annexe. Deux collaborateurs d'Otto sont aussi emmenés. Quelques heures après leur départ, Miep retourne sur les lieux. Dans le désordre, elle voit les manuscrits d'Anne éparpillés sur le sol. Alors elle les ramasse et les range soigneusement dans son bureau. « Quand la guerre sera finie et qu'Anne reviendra, je pourrai les lui rendre », songe-t-elle. Elle ne sait pas que dans moins d'un mois, la famille Frank sera déportée à Auschwitz, un camp d'extermination où des centaines de milliers de juifs vont trouver la mort...

1944

Le retour d'Otto

À la fin de la guerre, le père d'Anne sort du camp et commence un long périple pour rentrer chez lui. Sur la route, il apprend le décès de sa femme, Edith. Il n'a aucune nouvelle de ses filles qui ont été transférées dans le camp de Bergen-Belsen. Il espère les retrouver ! Dès son retour, il cherche, il cherche... En vain. Des mois plus tard, il finit par apprendre la terrible vérité : Margot et Anne n'ont pas survécu. Elles sont mortes du typhus, une maladie extrêmement contagieuse et répandue dans les camps de concentration où les conditions de vie et d'hygiène étaient épouvantables.

1945

Une auteure célèbre

Otto est effondré par la nouvelle. Il est encore sous le choc quand Miep entre dans son bureau et lui remet les cahiers d'Anne. Il se plonge dans la lecture et découvre un tout autre visage de sa fille : quelle maturité et quelle plume ! Se souvenant qu'elle voulait publier ses écrits après la guerre, il décide de respecter son vœu. *Le Journal d'Anne Frank* paraît en juin 1947 et suscite une vive émotion chez ses lecteurs. Aujourd'hui, le livre est étudié dans les écoles. Anne Frank ne le sait pas, mais elle est devenue l'une des écrivaines les plus célèbres et est admirée du monde entier !

1947

1925

1929
Naissance d'Annelies Marie (Anne), le 12 juin.

1933
Hitler est nommé chancelier.

1934
Anne rejoint sa famille installée à Amsterdam.

1940
L'Allemagne envahit les Pays-Bas.

1942
Anne reçoit un cahier pour son anniversaire, elle y écrira ses pensées.

1942
Margot reçoi une lettre pour rejoindr un camp de travail, le 5 juillet.

1942
Les Frank se cachent dans l'annexe, le 6 juillet.

1942
Arrivée de la famille Van Pels dans l'annexe le 13 juillet, puis de Fritz Pfeffer le 16 novembre.

1944
Les clandestins sont tous découverts et arrêtés, le 4 août.

1944
La famille Frank est déportée vers le camp d'Auschwitz, le 3 septembre.

1944
Anne et Margot sont transférées d'Auschwitz à Bergen-Belsen, en octobre.

1945
Mort d'Anne Frank, vers le mois de février.

1945
Libération du camp par l'armée britannique, le 15 avril.

1945
Miep Gies donne à Otto le journal d'Anne, en juillet.

1947
Publication du journal d'Anne Frank.

1955

Le parcours d'Anne Frank
1
2
3
4
5
6

Légende de LA CARTE

1 Francfort-sur-le-Main (Allemagne)

Peu après leur mariage, Otto et Edith s'installent dans cette ville et y fondent une famille. Les Frank y mènent une vie tranquille, même si la crise économique les oblige à faire très attention à leurs dépenses.

2 Amsterdam (Pays-Bas)

Après la nomination d'Hitler en 1933, la famille Frank prend peur et émigre aux Pays-Bas, dans la ville d'Amsterdam. Ils pensent y être en sécurité, et c'est le cas jusqu'en 1940, lorsque l'Allemagne nazie envahit le pays.

3 L'annexe (Pays-Bas)

Les Frank entrent dans la clandestinité et se cachent pendant deux ans dans une annexe de l'entreprise d'Otto. Ce sont juste quelques pièces, situées derrière les bureaux et dont l'entrée est cachée par une bibliothèque.

4 Westerbork (Pays-Bas)

Arrêtés, les Frank sont conduits dans le camp de transit de Westerbork. La journée, ils travaillent, mais le soir, ils ont le droit de se retrouver. Ils espèrent ne pas être envoyés dans les camps de concentration de l'Est...

5 Auschwitz-Birkenau (Pologne)

En septembre 1944, les Frank montent dans un train en direction du terrible camp d'Auschwitz. Après des jours de voyage, les prisonniers sont triés : femmes d'un côté, hommes de l'autre. Otto ne reverra jamais sa famille.

6 Bergen-Belsen (Allemagne)

L'avancée des troupes alliées vers Auschwitz inquiète les nazis qui évacuent leurs prisonniers vers l'Allemagne. En novembre 1944, Anne et Margot sont transférées à Bergen-Belsen, où elles meurent du typhus.

Les portraits

Otto Frank

(1889-1980)

Lieutenant allemand pendant la Première Guerre mondiale, il a même été décoré. Pourtant, le papa d'Anne Frank est juif et il comprend très vite que son passé héroïque ne le sauvera pas des griffes du nazisme.

Margot Frank

(1926-1945)

L'aînée de la famille, Margot, est sage, timide et très portée sur la religion. Refusant d'abandonner Anne quand celle-ci attrape le typhus, elle reste à ses côtés quitte à contracter la maladie à son tour.

Miep Gies

(1909-2010)

Miep est une collaboratrice d'Otto et une amie de la famille. Quand les Frank entrent dans la clandestinité, elle leur apporte de la nourriture et des nouvelles du monde. Elle découvre et conserve le journal d'Anne après leur arrestation.

Adolf Hitler

(1889-1945)

Chancelier du Reich en 1933, celui qu'on appelle le « Führer » (le guide) instaure une vraie dictature en Allemagne. La politique antijuive qu'il mène dans toute l'Europe va mener au conflit le plus meurtrier de l'histoire.

Le Jeu du

CHERCHE & TROUVE

Cherche et trouve les éléments suivants dans le décor de droite :

Anne Frank

Margot Frank

Miep Gies

Otto Frank

Le garçon

Le vendeur de journaux

Le soldat allemand

Le journaliste

Le photographe

La valise

Le livre

L'étal à légumes

Le vélo

Le trésor

Le chat

La religieuse

L'oiseau

Le meuble

La peluche

Les enfants

Le Jeu des

7 ERREURS

Trouve les 7 différences entre l'image de gauche et l'image de droite.

Solution : l'araignée, la tasse, l'étoile, la barrette, la photo, le livre, l'affiche.

Le Jeu du LABYRINTHE

Aide Anne Frank à trouver le chemin de son journal.

Solution : le bon chemin est le numéro 3.

Le Jeu des OMBRES

Retrouve la bonne ombre d'Otto Frank.

Bonne réponse : l'ombre c.

Le Jeu du QUIZ

1. La Seconde Guerre mondiale commence quand Hitler envahit... ?

a. La Pologne
b. La France
c. La Belgique
d. L'Autriche

2. Combien d'années les Frank se sont-ils cachés dans l'annexe ?

a. 1 an
b. 2 ans
c. 3 ans
d. 4 ans

3. Comment s'appelle la grande sœur d'Anne ?

a. Caroline
b. Sophie
c. Margot
d. Laura

Bonnes réponses : 1.a / 2.b / 3.c

- Collection -
ENCYCLOPÉDIES

Chers parents, vous aimez Quelle Histoire ? Rejoignez-nous sur les réseaux sociaux !